Ce livre est - très égoïstement - pour mon Moi de dans 40 ans, quand je serai (plus) vieille et sage et que je saurai enfin prendre le temps de profiter des «petits moments» de la vie : j'espère que tu kiffes meuf (et que tu vois encore assez clair et que tu marches encore à peu près droit, et que Yohann est là pour faire les confitures de cerises maison, il me l'a promis il y a plus de 8 ans). ♥

Édité par Monsieur PopCorn.

Retrouvez plus d'humeurs de Mathou sur la page Facebook : Crayon d'Humeur

• MATHOU •

TOUT PLAQUER et aller prendre un bain

(Mes Petits Moments)

Monsieur Pop Corn

Coucou
Hello
Salut
Salut
et

BIENVENUE!
(I'm back!)

Je n'ai pas du tout la prétention de faire un livre pratique pour vous apprendre à être heureux.

Je vous propose un livre poétique, pour faire sourire, pour faire rire, pour se dire "ah oui tiens c'est vrai, j'avais oublié tout ça, comme c'était chouette !"

J'aime glaner des petits moments. Mettre de côté dans un coin de ma tête des petits plaisirs, des petits bonbons de bonne humeur ou de joie simple qui me permettent d'avancer et de positiver - parfois.

Ce livre est une succession de mes petits moments à moi, vécus ou fantasmés, bien réels ou rêvés, aperçus, à peine entrevus, passés trop vite...
Le temps file et nos souvenirs avec, ce livre est là pour que je me souvienne de ces moments, pour qu'ils m'aident à voir la vie du côté le plus joli possible.
J'espère qu'il vous permettra de faire tout pareil.
Je vous souhaite mille et un petits moments qui rendront votre vie jolie !

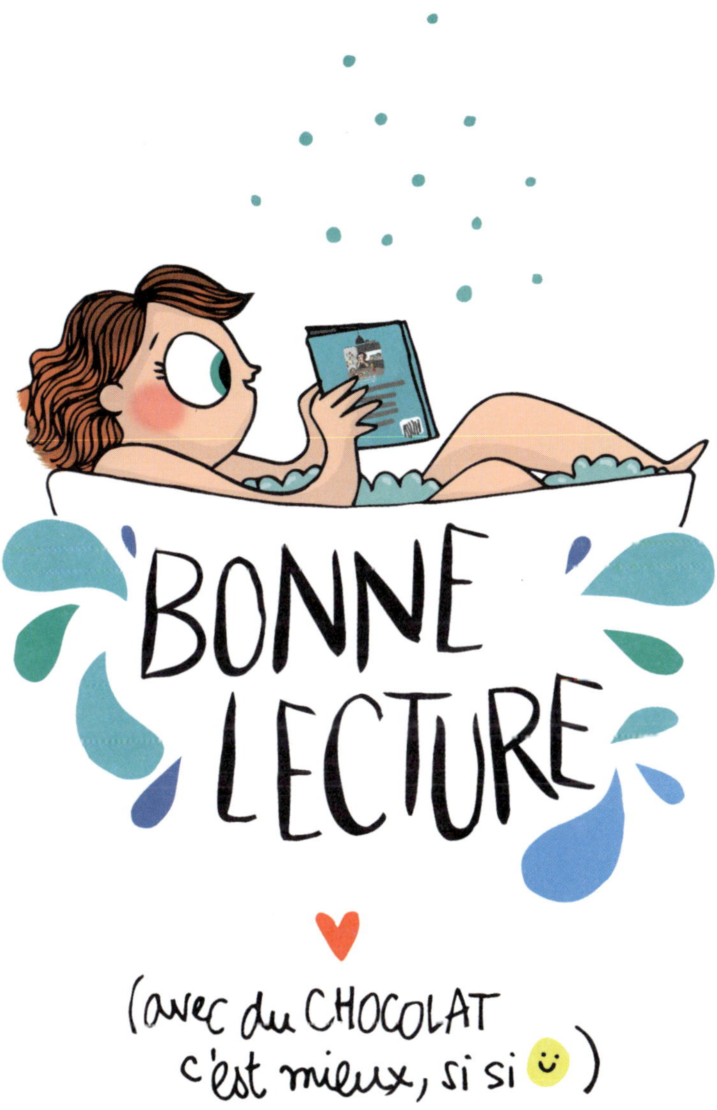
BONNE LECTURE
(avec du CHOCOLAT
c'est mieux, si si)

Les Petits Moments de tous les jours

Se réveiller (pas trop vite)

Le câlin du matin

L'odeur du café (et la confiture qui coule sur les doigts)

Chercher l'écureuil (sur le chemin de l'école)

Le coucou à travers la fenêtre de la classe
A B C D E F G
H I J K L M N
R S T U
X Y Z

Commencer
(un peu) la
baguette
sur le retour

Le premier café du matin au bureau

SICILE
Déjeuner avec les copines chez l'italien
(et refaire le monde)
PASTA
·Palermitana
·Boscaiola
·-SUGGESTION-
·Risotto à l'encre de seiche
DESSERT: crème brûlée au chocolat
5€

PASTA
AL · DENTE
MENU
Le carré de chocolat avec le café (comme un trésor)

Rentrer
au bureau
en vélo
LE GRAND CAFÉ DE FRAN

Le meilleur reste à venir
Écouter une bonne musique (et chanter faux, ça motive)

Rayer une ou deux choses sur sa "To Do list"

MAMAN!!
A B C D E I J
La voir courir dans mes bras

Dis maman, toi quand t'étais petite, t'étais dans mon ventre aussi ?
Refaire le monde (avec Loulou)

Prendre sa petite main (en rentrant par le parc)

Faire un coeur
avec du ketchup

HAAAAAA
AAAAA
AAAA
HA
HA HA
HA HA HA
HA HA HA
Hi..
Hiiii
Éclater de rire

Lire une histoire
Louise

THÉ
Choisir le thé

Regarder un film avec un plaid (été comme hiver le plaid)

le soleil
est rare...
SERGE GAINSBOURG
histoire de Melody Nelson
Écouter
un bon morceau
(retomber
en amour)

Appliquer le masque «teint-de-rêve» (= qui ne fonctionne que dans tes rêves)

Se glisser
sous la couette
(toujours trop tard
mais c'est pas grave,
demain on se couchera
plus tôt hein dis ?!)

Les Petits Moments de temps en temps

OFF
Ne pas mettre de réveil
(et espérer que Loulou dorme aussi...)

Changer
de gel douche
MASQ
CONDITIO
SHAMPO
COLOR

Choisir des fleurs

5 fruits et légumes par jour qu'ils disent !
Et en plus dans un cointreaupolitain© on a déjà 3 fruits facile !
Boire un cocktail

Se gainfrer de cerises (à même l'arbre)

Tremper
ses pieds dans
une fontaine

Faire le marché
(et manger sur place)

Finir
le bac de glace
à la petite cuillère
(on va pas laisser,
ce serait gâcher)

Chanter (très) fort
(avant ou après l'apéro,
mais souvent après...)

Faire une balade
à Vélo
(sur du plat)

Quand il reste
du rosé au frais
(de l'apéro de
la veille)

alléééééé HUUUUUU!
Non MAIS ça va pas être possible là!!!
Quand on décide de rentrer à pied

Marcher sur le sable

S'endormir
sur la plage

S'offrir
une glace
(et la manger
direct maintenant
sur le port)

DÉDICACES
21 septembre
15 H
encore une ou deux lignes et j'arrive !
SNIiiiiiF
PHILIPPE DELERM
LA PREMIÈRE GORGÉE DE BIÈRE
L'odeur des livres

Aller à un concert

Se glisser dans des draps propres
(c'est relou de changer les draps mais après t'es content)

allez hop Maman, on dirait que tu serais une dame qui "fésait" tout ce que je dis.
Jouer à "on dirait que" (avec Loulou)

Organiser une surprise
HAPPY BiRTHDAY
c'est Moi !!

L'odeur de l'herbe coupée

Regarder
son enfant dormir
(et par la même occasion, vérifier qu'il respire bien)

Prendre un bain
(même si on est jeudi
et qu'il est 15h32...)

PARFUM FEMME
Choisir un parfum (et toujours acheter le même).

OKAY!
Vas-y large sur le rouge !
Faire disparaître ses cheveux blancs
(presque comme par magie)

s'acheter un 15ème
mascara volume extra
(mais celui-ci il épaissit
en plus tu vois !)

Elle est CANON ! Prends-la !
S'offrir cette fameuse petite robe noire (qui va rejoindre les 17 autres du placard)

Étrenner de nouvelles chaussures
Jeudi 18 : DENTISTE 16H
insciption galerie sonore
DEJ
BISOUS♥
(et remettre les vieilles boots 2 heures après parce que les nouvelles font trop mal aux pieds).

s'offrir
une religieuse
(et surtout ne pas se faire prier)

Marcher sur les lignes blanches (et seulement sur les lignes blanches)
HOP HOP HOP!

Attendre que les enfants dorment pour sortir le paquet de M&M's®
CHUT!
m&m's

Le soulagement quand on est content de voir que la vitre du téléphone n'est PAS brisée (malgré une belle chute)
OUF!!!

et voilà bon appétit!
FRERES
Se faire livrer à manger

Quand on a un nouvel épisode d'une série à regarder

Et toi Loulou tu m'aimes jusqu'où?
Euh...
...Jusqu'à la lune et puis le soleil aussi, et tous les nuages qui sont dans le ciel, avec les oiseaux aussi. Beaucoup tu vois maman en fait queu même!
Se rassurer
(s'aimer fort)

Parler aux plantes
(parce que les enfants ne sont pas là et que c'est d'un coup trop silencieux)
Hello beauté !
et voilà de l'eau ma chérie !
TERREAU

Avoir 2 heures
devant soi
pour (surtout)
ne rien faire

Lire les potins (avec les copines c'est mieux)

La sieste
du dimanche
(10 minutes sacrées)

bisou maman chérie queu j'aime ♥
Je peux faire dodo avec toi juste 2 minutes ?
CULOTTÉES 1
Recevoir un bisou par surprise
(même s'il est un peu baveux)
(même s'il est (très) intéressé)

A B C D E F G H i J
veux-tu être mon ami?
Offrir des fleurs

les 400 COUPS
Les quelques minutes après la fin du film quand on sort du ciné, et qu'on ne parle pas encore.

AAAAAAAH!!!!
Mettre mes pieds froids sur ses cuisses chaudes.

Sniffer de la colle Cléopâtre©
(drogue légale)
SNIF SNiiiiF
LOU
FRENCH GALLER
& FRIEND
Thanks For Coming

Manger une barbe à papa (et être tout collant après)

Faire
des bulles
(et remplir le tube
10 fois de suite...)

Allumer une bougie (pour une soirée love love ♥)

NOËL
(DÉCO)
Décorer
le sapin

BRUNCH
Boire un chocolat chaud

Mais c'est le dernier hein d'accord?
oui
oui
Regarder un (dernier) dessin-animé avec Loulou

Faire la pâte du gâteau (à 4 mains)

Regarder le gâteau cuire et gonfler dans le four.

Faire une balade en forêt
(avec des bottes)

NAN MAIS? Attends en fait dans les Ferrero® ils mettent du NUTELLA®?!!!
Découvrir une recette ancestrale

TAFEL
8
Décider qu'il fait assez froid pour justifier de se faire la première raclette de l'année

Manger des marrons grillés au marché de Noël

Quand elle s'endort
Contre moi
(et tant pis pour les
fourmis dans le bras)

Avaler des
flocons de neige

PRESQUE LA FIN

Mais pour faire durer le plaisir !..

Voici dans les pages qui suivent, des petits mots tout doux, des petites phrases sucrées, qui font du bien

Les Petits Mots qui font du bien

tout
va
bien

La pluie c'est pas toujours triste

Le Cœur a ses raisons

Le meilleur reste à venir

Je t'aime
jusqu'aux
ÉTOILES

Les enfants
ça fait des
PAPILLONS
dans le
ventre

Le bonheur s'entretient tous les jours

MERCI
very much
beaucoup

Viens
on s'aime
(mais genre
toute la vie)

ICI et maintenant

(vivre le présent)

TOUT est POSSIBLE

La tête dans les NUAGES

Haut
nos coeurs

Partir prendre l'air

La Fin

J'espère que votre petit cœur est rempli d'un peu plus de douceur et de joie après la lecture de ces quelques pages (ou tout au moins qu'il vous aura permis de passer quelques minutes agréables !).

Je vous souhaite le meilleur et puis aussi de passer une bonne journée / soirée / nuit ♥

(rayez la mention inutile)

Je vous laisse, je rentre avec mon pote panda !
(et à la prochaine ♥ !)

MERCI.

♥ Merci à Pauline (énormément).

♥ Merci à Agathe pour le titre, pour les très bonnes idées, pour l'écoute et la bienveillance !

♥ Merci à Philippe Delerm pour son livre "La Première gorgée de bière" que j'ai lu et relu tant de fois et qui m'a inspiré mes petits moments à moi, égoïstement et très humblement.

♥ Merci à mon papa pour ses sms "Tiens j'ai une bonne idée pour ton livre" parce que je lui en ai quand même piqué quelques-unes 🙂

♥ Merci à ma Chacha, à Clarisse, à Marina, à ma famille et à mes amis pour leurs riches idées, conseils et petits moments à eux qui sont parfois devenus miens 🙂

♥ Merci à Lionel et Aurélien, pour la confiance renouvelée et pour le kiff toujours !

♥ Merci à vous lecteurs, du blog ou d'ailleurs, pour votre soutien sans faille et l'amour que vous m'envoyez chaque jour !

♥ Et enfin, merci à Loulou, Omé et Yohann, mes petits moments-trésors à moi.

Du même auteur :
«les Wonderwomen aussi mettent une culotte gainante»
(février 2016 - Monsieur Pop Corn)

Imprimé par Standartų Spaustuvė, Vilnius Lituanie
www.standart.lt , info@standart.lt
Date d'impression : octobre 2016
DÉPÔT LÉGAL : NOVEMBRE 2016
ISBN: 9791090962262

STICKY PANTS GOES ON !
SPACE WARS
JACK RUSSELL
PUTAIN DE CHAT
Mr. MOO MOO
JURASSIC PIOU
BAROUF
Ma vie de papa
Veritus
STICKY PANTS
FIRMIN CHAMPION